AF245198

MEMOIRE

POUR Maximilien Payelle, Appellant de Sentence du Conseil d'Artois.

CONTRE Jean Simoneau, & Cecile Defrance sa femme, Françoise, Anne, Joseph, & Catherine Defrance, Intimés.

LA Loi défere aux enfans la succession de leurs auteurs. Rose Courtois, mere de l'Appellant, est décédée; il se présente aujourd'hui pour recueillir son hérédité, & la partager avec les Intimés, ses freres utérins. Ceux-ci refusent de l'admettre au partage, prétendent qu'il est né d'une conjonction illicite. Ainsi la question que nous avons à discuter, est de savoir si Maximilien Payelle est ou n'est pas fils légitime de Rose Courtois.

Cette Cause mérite toute l'attention des Magistrats, elle intéresse singulierement l'ordre public & les mœurs. C'est un homme en possession de son état depuis près de soixante-dix années, que l'on trouble aujourd'hui dans cette possession. Ce sont des freres qui désavouent leur frere, après l'avoir reconnu; des en-

A

fans qui ofent , fous les yeux de la Juftice, infulter à la mémoire de de leur mere, & l'accufer des plus honteux excès. Infenfés, qui ne voient pas que les coups qu'ils voudroient lui porter retombent néceffairement fur eux-mêmes!

Quel prétexte emploient-ils pour juftifier leur conduite ? *Ils craignent,* difent-ils, *de fe couvrir d'opprobre, s'ils étoient affez peu délicats pour recevoir parmi eux un étranger* *. Qu'ils ceffent de s'abufer : cette feinte délicateffe n'en impofera à perfonne ; on le voit affez , & eux-mêmes ont pris foin de nous en inftruire (1). Le véritable motif de leurs démarches eft le defir de s'approprier la part que leur frere a droit de prétendre dans cette fucceffion. Cependant cette partie fubdivifée entre eux leur fera une foible reffource : elle fuffiroit à la fubfiftance de Payelle & des fiens.

* Pag. 4 du Mémoire imprimé.

Il n'eft donc plus de frein pour l'intérêt : c'eft peu que cette paffion jette le défordre dans les fociétés, elle veut encore troubler le repos des morts, remuer leurs cendres & ramener aux horreurs de la vie ceux qui dorment déja dans la pouffiere des tombeaux.

L'indignité de la conduite des Intimés eft un puiffant moyen contre eux ; & dans une affaire de cette ef-

___

(1) On lit cette obfervation dans une Requête que les Defrance ont fait fignifier : *Les Supplians voudroient en vain épargner la mémoire de leur mere , l'intérêt les met dans le cas de rappeller les égaremens criminels dont Payelle fut le fruit.*

Ce trait eft digne d'un Ecrivain antropophage. Les Caraïbes & les Maldives faifoient mourir leurs parens avancés en âge : c'étoit par un principe religieux , & pour leur épargner les douleurs de la vieilleffe ; mais il eft inouï qu'un homme ait penfé qu'il pouvoit facrifier à un vil intérêt les devoirs facrés de la piété filiale. Il eft deshonorant pour nos mœurs qu'un François ait ofé le dire.

pece, ce moyen devroit fuffire pour déterminer les
fuffrages ; mais laiffons au Miniftere public le foin de
le faire valoir, de venger la nature & les mœurs outra-
gées : bornons-nous à établir que les prétentions de
nos Adverfaires font réprouvées par les difpofitions des
Loix & par la Jurifprudence des Arrêts.

F A I T.

Maximilien Payelle eft né à Lillers en Flandres le
16 Octobre 1697, il a été baptifé le même jour par le
Vicaire de la Paroiffe, fous la dénomination de fils
légitime de Maximilien Payelle & d'Ifabelle Rofe
Courtois fa femme. Il fut ainfi nommé par Gilles
Payelle fon ayeul paternel, & par Marie-Jofeph Courtois (1) fa tante maternelle.

L'Appellant fut nourri & élevé par fa mere fous
les yeux des deux familles, & de tous les Citoyens de
Lillers. Perfonne ne fongea à lui contefter ni fon
nom, ni fa légitimité. Lorfqu'il fut en âge de com-
mencer à travailler, fes parens paternels le prirent chez
eux & l'inftruifirent dans leur profeffion.

En 1712, Ifabelle Courtois époufa Jean Defrance,

____

(1) *Extrait du Livre aux Baptêmes de la Paroiffe de Lillers.*

Le 16 Octobre 1697, a été baptifé par le Vicaire fouffigné, Maximilien Payelle, fils légitime de Maximilien Payelle, & d'Ifabelle Courtois
fa femme : le parrain a été Gilles Payelle, & la marraine Marie-Jofeph
Courtois, lefquels interpellés s'ils favoient écrire, le parrain a répondu
que oui, & la marraine que non. Etoit figné, Gilles Payelle, & mife
la marque de Marie-Jofeph Courtois. Et plus bas figné, J. Lenoir,
Prêtre.

Je fouffigné, Curé de Lillers, certifie ce préfent certificat conforme
à l'original. Signé, Dubusca, Prêtre.

A ij

pere des Parties adverses. Cet homme étoit né à Lil-lers, il connoissoit l'état de la veuve Payelle & de son fils. D'après cette observation, le pact de mariage qui fut fait alors entre eux est remarquable ; & cet acte est de la plus grande importance dans la Cause.

Premierement, Isabelle Courtois y prend la qualité de veuve de Maximilien Payelle ; c'est sous ce nom qu'elle contracte, & toutes les stipulations sont relatives à cette qualité.

« Elle promet dans cet acte de payer & fournir à
» Maximilien Payelle *son fils*, la somme de 150 livres
» monnoie d'Artois, à la premiere requisition qu'il lui
» en fera, aux conditions néanmoins que ladite somme
» sera employée en constitution de rente héritiere, dont
» les arrérages courront au profit dudit Payelle son
» fils.

» On stipule en second lieu que ledit Maximilien
» Payelle *son fils*, entrera & fera une tête avec les en-
» fans de ce présent mariage, si aucun elle laisse au
» jour de son décès, sans être par lui obligé de rappor-
» ter les 150 liv. dont elle lui fait donation ; de laquelle
» somme elle veut & entend qu'il profite par préférence
» à tous autres à naître dudit mariage ».

« Ensuite de contrat on procéda à la prisée & esti-
» mation des meubles que la veuve Payelle apportoit
» audit mariage. Il est dit dans l'acte que cette prisée
» fut faite en la présence & participation de Guillaume
» Misson, de Marie-Joseph Courtois, sœur de la fu-
» ture, & tante maternelle audit *Maximilien Payelle,*
» comme aussi d'André Payelle *son oncle paternel*, &
» stipulant pour lui ».

Depuis 1756 jufqu'à ce moment, la légitimité de Payelle a été reconnue en plufieurs circonftances par Defrance fon beau-pere, & par tous fes autres parens.

En 1725 il figne dans un acte de famille en qualité de neveu du fieur Peras, lequel Peras avoit époufé Rofe Courtois, fa tante maternelle.

En 1726 il contracte mariage : Jean-Baptifte Defrance y affifte, prend dans l'acte de célébration la qualité de fon beau-pere, & figne comme témoin.

Le 21 Novembre 1756, ce même Defrance prête à l'Appellant une fomme de 600 liv. & dans le contrat de conftitution que celui-ci paffa pour raifon de ce prêt, Defrance prend auffi la qualité de beau-pere.

La mere de Payelle eft décédée dans le cours de l'année 1758, laiffant quatre enfans de fon fecond mariage. Ces enfans font aujourd'hui nos adverfaires.

Payelle s'eft préfenté pour recueillir la part qui lui appartenoit dans cette fucceffion. Il y étoit appellé & par la voix du fang & par cette difpofition du contrat de 1712, dans lequel on avoit ftipulé qu'il feroit une tête avec les enfans du fecond mariage, fans être obligé de rapporter les 150 livres qui lui étoient données par préciput.

Les Parties adverfes refufant de l'admettre au partage, il les a fait affigner au Confeil d'Artois. Ils ont oppofé pour défenfes à fa demande ce prétendu moyen d'illégitimité qu'ils font valoir aujourd'hui. Les Juges du Confeil d'Artois ignorant fans doute les grands principes d'après lefquels on juge de l'état des citoyens, ont adopté les idées de nos adverfaires, & ont déclaré Payelle non-recevable en fes demandes. Il a interjetté appel de cette Sentence, & c'eſt ſur cet appel que la Cour a à ſtatuer.

Les Intimés viennent de développer leur défenſe dans un Mémoire imprimé qu'ils ont fait diſtribuer. L'Appellant, diſent-ils, n'a jamais été en poſſeſſion, ainſi qu'il le prétend, de la qualité de fils légitime d'Iſabelle Courtois. Il ne conſtate cette poſſeſſion par aucunes preuves littérales; & quand il la prouve-roit, il n'en retireroit aucun avantage, puiſqu'il ré-ſulte d'un acte de célébration de mariage que l'on rap-porte, que l'union contractée entre ſes pere & mere eſt illicite & ne peut produire aucuns effets civils.

Il ſera facile de réfuter ces objections, & deux Pro-poſitions établiront la défenſe de Payelle, ainſi que le mal-jugé de la Sentence.

1°. L'Appellant eſt en poſſeſſion de ſon état depuis un tems conſidérable. Cette poſſeſſion eſt un titre qui lui ſuffit ſans en avoir beſoin d'autre.

2°. L'acte de mariage que l'on rapporte ne peut écar-ter ce titre ni faire perdre à Payelle les avantages de ſa poſſeſſion.

PREMIERE PARTIE.

L'Appellant eſt en poſſeſſion de l'état qu'il réclame. Cette poſſeſſion eſt ſon titre, il lui ſuffit.

L'état eſt le rang que chaque homme tient dans la ſociété générale à cauſe de celui qu'il tient dans les ſo-ciétés particulieres, c'eſt-à-dire, dans les familles où ſon

état eft formé par les liens de la proximité, par les rap-
ports de la nature & du fang.

Il arrive fouvent que celui qui jouit d'un état n'en
connoît point le titre conftitutif, & ignore la chaîne
des événemens qui l'y ont placé : mais s'il en jouit pai-
fiblement, fous les yeux de ceux qui auroient intérêt
de le lui contefter, s'il a connu tels & tels pour fes pere
& mere, fes freres, fes parens, s'il a été également reconnu par eux, & que le Public inftruit de ces rela-
tions ne s'y foit point oppofé, alors fa poffeffion lui fuffit : il n'a pas befoin de remonter à d'autres preuves,
elle lui tient lieu de tous les titres, elle fupplée aux ex-
traits baptiftaires & à tous les actes qui fervent ordinai-
rement à fixer l'état des citoyens.

Si celui dont on contefte l'état réunit en fa faveur,
ce que les Loix appellent *famam, denominationem &
tractatum*, il en acquiert la poffeffion, & cette poffeffion équivaut au titre même. Elle eft fi puiffante, fi
décifive, qu'elle répare les erreurs qui pourroient s'être
gliffées dans les actes. *Imperator Antoninus refcripfit non
lædi ftatum liberorum ob errorem inftrumenti malè concepti;* ce qui a fait dire à Mornac : *fatis effe ad ejufmo-
di de natalibus quæftiones ut quis nominetur filius & pu-
blicè agnofcatur, paffimque habeatur apud omnes.*

Nous n'avons rien de plus précis fur cette matiere
que la Loi 9 au Code *de nuptiis* ..... *fi vicinis vel aliis
fcientibus uxorem liberorum procreandorum caufâ domui
habuifti, & ex eo matrimonio filia fufcepta eft, quamvis
neque nuptiales tabulæ neque ad natam filiam pertinentes
factæ funt, non ideò minùs veritas matrimonii aut fuf-
ceptæ filiæ fuam habet poteftatem.* En un mot, la pof-

session publique suffit seule, indépendamment d'aucune autre preuve.

Et comment ne suffiroit-elle pas ? En matiere civile elle fait présumer le titre & en tient lieu : en matiere canonique elle couvre les vices des provisions. Quelle doit donc être à plus forte raison son étendue & son pouvoir dans les questions d'état ? Odieuse dans les autres matieres, elle est au contraire favorable dans celle-ci, puisqu'elle sert à protéger les citoyens, & à conserver l'ordre dans les familles.

Mais si l'on joint aux présomptions qui résultent de la possession publique les preuves littérales qu'on a coutume d'employer pour assurer l'état des hommes, « si » l'on justifie que non-seulement il y a possession, mais » encore qu'elle est fondée sur des titres, alors il n'est » plus possible d'élever de difficultés. Soutenue des re- » gistres publiques, elle est réputée légitime, & regar- » dée comme inébranlable. Tels sont les principes qu'é- » tablissoit Me Cochin dans la célebre affaire de Bour- » gelat ».

Payelle a tout en sa faveur, *famam, denominationem & tractatum* : il réunit la notoriété publique avec les titres : en effet, depuis plus de soixante-six ans il vit au milieu de ses concitoyens sous la dénomination que l'on lui conteste aujourd'hui. Ses ascendans tant paternels que maternels l'ont reconnu pour leur fils : il n'avoit été désavoué jusqu'à présent ni par ses freres ni par aucuns collatéraux.

Cette assertion est justifiée par les pieces qu'il rapporte ; la premiere est son extrait de baptême, cet acte dont on a déja parlé, où l'on voit qu'il a été nommé

par

par Gilles Payelle, fon ayeul paternel, & par Marie Courtois, fa tante maternelle. Ces perfonnes mieux inftruites que toutes autres fur l'état de cet enfant, qu'ils nommoient, ne pouvoient être déterminés par aucun motif à reconnoître en lui une qualité qu'il n'auroit pas eue; dans ce cas au contraire, ils avoient intérêt de la lui contefter; d'où il fuit que leur reconnoiffance eft ici de la plus grande importance.

Le fecond titre eft le contrat de mariage de 1712, dans lequel Ifabelle Courtois prend la qualité de veuve Payelle. Maximilien Payelle y eft reconnu pour fon fils, rappellé à fon hérédité & à tous les droits attachés à une naiffance légitime. Eft-il poffible d'éluder les inductions qui réfultent naturellement de cet acte?

Jean Defrance, né à Lillers, y avoit toujours demeuré. Les habitans d'une ville auffi bornée que l'eft celle-ci fe connoiffent parfaitement entre eux: ils ne peuvent s'en impofer les uns aux autres fur leur naiffance, leur fortune, encore moins fur leurs mœurs: la médifance eft en ces lieux plus active qu'ailleurs; le fouvenir d'un trait d'une anecdote fi fcandaleufe ne s'y perd jamais, & celui qui en eft l'objet demeure perpétuellement en butte aux reproches & à la raillerie publique.

Si Ifabelle Courtois n'avoit été que la concubine du pere de Payelle, fi celui-ci n'eût été que le fruit d'un commerce criminel, un enfant de la proftitution, perfonne ne l'auroit ignoré dans cette ville, Jean Defrance en eût été plus inftruit qu'un autre.

S'il l'avoit connu fous ces traits odieux, fe feroit-il déterminé à l'époufer & à partager fon fort avec elle?

Auroit-elle ofé prendre dans des actes authentiques, en préfence des parens de l'une & l'autre famille, fous les yeux de fes concitoyens, une qualité refpectable qui ne lui auroit pas appartenu ? Defrance auroit-il donc adopté fon fils pour le fien ? L'auroit-il traité avec tous les égards dus au fils légitime, & permis qu'il jouiffe des mêmes avantages que pourroient prétendre un jour ceux qui naîtroient de cette union ? Rien ne l'engageoit à cette condefcendance. La dot de la veuve Payelle ne pouvoit le féduire : nul motif d'intérêt qui fût affez puiffant pour l'emporter fur l'amour de fes propres enfans. Concluons donc, & difons que Jean Defrance étoit alors intimement convaincu de la légitimité de la naiffance de Maximilien Payelle.

Il a rendu hommage à cette vérité dans plufieurs autres circonftances. Payelle vient à contracter mariage, ce beau-pere affifte à la célébration & en figne l'acte comme témoin. Plus récemment encore il lui prête une fomme de 600 livres, & dans le contrat de conftitution il prend cette même qualité de beau-pere : *Fut préfent Maximilien Payelle ....Braffeur, lequel a reconnu devoir à Jean-Baptifte Defrance, fon beau-pere, la fomme de 600 livres.....laquelle fomme il promet rendre audit Jean-Baptifte Defrance fon beau-pere.*

Voilà fans doute les titres les plus capables d'affurer l'état d'un citoyen ; ces actes de famille, cette conduite foutenue des parens, tout dépofe en faveur de Payelle, & cependant c'eft après des reconnoiffances de cette efpece que l'on ofe dire avec un ton de confiance que Payelle ne rapporte aucune preuve de fa poffeffion : mais fi tout cela ne fuffit pas pour l'établir, il faut dire aujourd'hui qu'il n'y a rien de certain fur cette matiere, & que toutes les précautions des Légiflateurs font vaines & illufoires.

On oppofe à ces preuves un fait que l'on donne comme décifif. Payelle, dit-on, n'a point été admis au partage des fucceffions qui fe font ouvertes dans la famille avant le décès de fa mere, il n'a donc pas été regardé comme faifant partie de cette famille. La réponfe à cette objection eft fimple ; Gilles Payelle, fon ayeul paternel, eft mort : mais réduit à l'indigence dans fa vieilleffe, il n'a point laiffé de fucceffion : il n'y a eu lieu à aucun partage. A l'égard de fes autres parens, il eft de fait que les uns avoient des héritiers préfomptifs & que les autres ne poffédoient rien ; c'étoit de pauvres artifans qui trouvoient à peine dans leur travail les moyens de fatisfaire au befoin préfent.

Revenons au principe, la poffeffion équivaut aux titres les plus folemnels : elle répare les vices qui pourroient fe trouver dans les actes : *Antoninus refcripfit non lædi ftatum liberorum ob errorem inftrumenti malè concepti.* Seule elle fe fuffit à elle-même, à plus forte raifon lorfqu'elle eft unie au titre. *Il n'y a pas lieu de former une queftion férieufe fur l'état d'un homme, lorfque la poffeffion fe trouve d'accord avec les regiftres publics & les actes de famille.*

Ce moyen eft victorieux : mais les adverfaires prétendent l'éluder en difant qu'il n'y a pas eu de mariage entre les pere & mere de l'Appellant, ou du moins que celui qui a été contracté eft nul. Ils rapportent un écrit qu'ils difent être l'acte de célébration de ce mariage, & c'eft dans cet écrit qu'ils croient trouver la preuve des nullités qu'ils oppofent. Analyfons maintenant cet acte, on verra par l'examen que nous en férons, que loin qu'on puiffe en argumenter contre Payelle, c'eft au contraire un titre de plus pour lui, & qui affure fa poffeffion.

SECONDE PARTIE.

Le prétendu acte de mariage que l'on rapporte ne peut faire perdre à Payelle les avantages de la poffeffion.

L'écrit que les Parties adverfes rapportent èft une piece apocriphe. Il y a tout lieu de le croire. Il feroit néceffaire, pour en mieux juger, de compulfer le regiftre même dont elle a été tirée : on y verroit peut-être qu'elle eft irréguliere & peu conforme à l'original : mais pour éviter toute difficulté à cet égard, prenons les chofes en l'état où elles font.

Les Intimés établiffent leur défenfe fur cette propofition : *il n'y a point eu de mariage entre Ifabelle Courtois & Maximilien Payelle.* L'Appellant prouve au contraire que dans l'efpece les conditions effentielles au Sacrement & à l'obligation civile, ont été remplies ; que l'union contractée entre fes pere & mere eft un mariage indiffoluble, qui ne peut être attaqué que par la voie de l'appel comme d'abus.

En effet, à juger des chofes, même, par cet écrit informe dans lequel nos adverfaires ont mis toute leu confiance, il paroît que le mariage n'a point été précédé de publication de bans, que la célébration a ét faite en l'abfence des pere & mere des contractans, & peu de jours avant la mort de Payelle. Mais l'obmiffio de ces deux premieres formalités n'entraîne pas la nul lité de l'engagement : elles ne font point irréparables, & l'on verra que dans le fait elles ont été fuffifamment réparées.

Il faut confidérer le mariage fous trois points de vue, comme une union inftituée par la nature, confacrée par la Religion, & comme une obligation civile : en conféquence fa validité, fes effets dépendent de l'accompliffement de certaines conditions relatives à ces trois efpeces de droits : mais ces conditions font de deux efpeces ; les unes font tellement effentielles au mariage, qu'elles ne peuvent en être féparées ; les autres au contraire font introduites plutôt par une loi pofitive & arbitraire que par un droit naturel & immuable : elles ne font néceffaires que dans un certain tems ; à l'égard de certaines perfonnes, & dans certaines circonftances, elles font plutôt des précautions falutaires que des formalités effentielles.

«Le Droit Eccléfiaftique, dit M. Dagueffeau dans la
» Caufe de Lecuyer & d'Anne Pouffe, a introduit deux
» fortes de conditions : les unes font effentielles, & ne
» peuvent jamais être fuppléées : les autres font arbi-
» traires ; le tems & les différentes circonftances qui les
» fuivent peuvent couvrir ou réparer leurs défauts.

» D'abord il eft effentiel au mariage, confidéré com-
» me Sacrement, que le confentement des Parties ait
» l'Eglife pour témoin, qu'il foit reçu par le Prêtre
» qui la repréfente : mais la publication des bans
» que nous pouvons regarder comme une formalité
» eccléfiaftique, & les autres folemnités que l'Eglife a
» introduites peuvent à la vérité faire déclarer un ma-
» riage nul en certains cas : mais parce que les Loix qui

»les ont établies n'ont eu en vue que certaines perfon-
»nes & certaines circonftances , lorfque ces circonf-
»tances ne fubfiftent plus, lorfque l'état des perfonnes
»eft changé, ce qui étoit nul dans le principe fe ratifie
» dans la fuite, & l'on n'applique point au mariage cette
» maxime qui n'a lieu que dans les teftamens. *Quod ab
» initio non valet, tractu temporis non convalefcit* ». La publication des bans n'étant établie que pour conferver
l'autorité des parens, prévenir les mariages clandeftins
& faits à leur infçu, l'obmiffion de cette formalité ne
devient une nullité que dans le cas où il y a vraiment
raptus in parentes ; d'où il fuit qu'il n'appartient qu'à
eux de s'en plaindre, & que lorfqu'ils gardent le filence
perfonne ne peut relever cette obmiffion & la propofer comme un moyen de nullité.

» Le Droit Civil, continue M. Daguefleau, éta-
»blit des conditions d'un ordre différent que celles im-
»pofées par le Droit Eccléfiaftique, mais qui n'étant
»fondées que fur une Loi pofitive, ne peuvent être
»confidérées que comme des formalités néceffaires à la
»vérité en certains cas, mais qui ne font point abfolu-
»ment irréparables.

» Ainfi, quoique les Loix ayent établi le confen-
»tement du pere, comme une condition dont le dé-
»faut eft quelquefois capable de donner atteinte à l'en-
»gagement d'un fils de famille mineur ; la Cour a néan-
»moins jugé par plufieurs Arrêts, que cette nullité
»pourroit être réparée par le long filence du pere,
»par la longue cohabitation du fils, & par le nouveau
»confentement qu'il donne à fon mariage».

Dans notre efpece, le pere de Payelle a fuffifamment

réparé le défaut de fa préfence & de fon confentement lors de la célébration ; il a ratifié ce mariage de la maniere la plus fûre, en portant Maximilien Payelle au baptême & l'avouant pour fon petit-fils à la face de ces mêmes Autels, où l'union de fes pere & mere avoit été célébrée.

Par Arrêt du mois de Décembre 1762, rapporté au Journal des Audiences, la Cour a confirmé un mariage contracté contre la volonté du pere, qui dans la fuite avoit nommé fon petit-fils au baptême : on regarda cette démarche de fa part comme une ratification formelle.

Il réfulte clairement de ces principes, que l'omiffion de ces deux formalités n'entraîne pas la nullité de l'union, parce que dans le droit elles font réparables, & que dans le fait elles ont été réparées. Sur quel fondement les fieurs de France foutiennent-ils donc aujourd'hui, qu'il n'y a point eu de mariage entre Ifabelle Courtois & Maximilien Payelle ? Quelle pétition de principes dans leur défenfe ! Mais s'ils vouloient attaquer celui-ci, ne favoient-ils donc pas que la voie légale étoit l'appel comme d'abus, que fans cette forme indifpenfable, un Adverfaire, quel qu'il foit, ne peut fe faire entendre en pareille matiere ?

On objecte, il eft vrai, que l'acte dont eft queftion, n'eft point figné du contractant, & de-là on tire cette conféquence, qu'il n'a pas confenti au mariage. Car, dit-on, le confentement des Parties eft une condition effentielle, fans laquelle l'union conjugale ne peut être formée.

Cet extrait, dont on argumente, eft informe & irrégulier (nous l'avons déja dit) ; mais en fuppofant même qu'il fût conforme au Regiftre, on ne pourroit rien en conclure, finon que celui qui a dreffé l'acte a oublié d'y inférer que Payelle avoit déclaré ne fçavoir figner : car l'Appellant articule & met en fait, que fon pere n'avoit jamais fçu écrire. Ce fait ne paroîtra pas hors de vraifemblance, fi l'on fe rappelle que cet homme étoit un pauvre artifan, qui avoit été appliqué dès fon enfance à la profeffion de Cordonnier, dont il devoit tirer fa fubfiftance pour la fuite.

Les Intimés, à qui les fuppofitions ne coûtent rien, prétendent que le défaut de fignature dans l'extrait dont eft queftion, eft une preuve que Payelle n'exiftoit plus au tems où cet acte a été dreffé, que même la bénédiction nuptiale ne lui a jamais été donnée.

Mais à qui perfuadera-t-on qu'un Prêtre ait conféré un Sacrement à un cadavre, ou qu'il ait dreffé l'acte d'un mariage qui n'auroit pas été effectivement célébré ? On ne fe livre pas aifément à de pareils écarts, furtout fans intérêt & fans motif. Ifabelle Courtois étoit-elle dans le cas de féduire à prix d'argent ? Quand il auroit voulu la fervir, auroit-il été libre de le faire ? Etoit-ce dans une Ville telle que Lillers qu'une pareille manœuvre eût demeurée enfevelie ? Mille voix fe feroient élévées pour attefter la vérité & détruire l'ouvrage du menfonge. Oui, tout fe réunit pour prouver que Maximilien Payelle a reçu la bénédiction nuptiale & qu'il a donné à fon mariage un confentement parfait. Ce défaut de fignature dans l'extrait de l'acte ne prouve rien : fi le Vicaire de la Paroiffe avoit affez peu refpecté fes devoirs pour fe livrer aux infractions

dont

dont on l'accuſe ici, il auroit ſans doute conſommé ſon ouvrage & obſervé de faire cet acte plus régulierement & plus ſoigneuſement qu'un autre. Il n'auroit pas manqué de dire que le contractant avoit déclaré ne pouvoir ſigner; & il devoit d'autant moins oublier d'inſérer cette déclaration, qu'elle dépendoit uniquement de lui, puiſqu'il eſt conſtant que le pere de Payelle ne ſçavoit écrire ni ſigner. Diſons donc que cette omiſſion eſt une preuve de la bonne foi de celui qui a dreſſé l'acte, & de la réalité de l'engagement que les deux époux ont alors contracté.

Mais en prenant l'objection de nos Adverſaires, telle qu'elle eſt, l'écrit dont eſt queſtion ſeroit un faux de l'eſpece la plus grave; cependant ce ſont eux qui le rapportent, qui en argumentent & qui l'oppoſent aux prétentions de Payelle; ce ſont eux qui nous diſent: la poſſeſſion d'état dont vous excipez eſt un moyen inutile; vous n'avez pu preſcrire contre un titre vicieux tel que l'extrait que nous rapportons; mais que les Srs Defrance ſe concilient donc avec eux-mêmes. Si cet acte eſt faux, il n'eſt pas ſeulement vicieux, il eſt nul; s'il eſt nul en lui-même, on ne peut donc pas nous l'oppoſer ni en faire un titre contre nous qui ne nous en ſervons pas, alors le moyen réſultant de la poſſeſſion reprend toute ſa force & nous ſuffit.

Les Intimés emploient en finiſſant un dernier moyen, mais ſur lequel ils comptent peu; ils ne le donnent que comme ſubſidiaire *& par ſurcroit de défenſe*. Ils diſent que le pere de Payelle eſt mort peu de jours après la date de cet extrait, & qu'en ſuppoſant qu'Iſabelle Courtois & lui euſſent reçu la bénédiction nup-

C

tiale, le mariage feroit réputé fait *in extremis*, & nul aux termes des Ordonnances.

La durée de la vie des hommes eft incertaine. Ils ignorent l'inftant qui doit la terminer ; la mort les frappe au moment où ils s'y attendent le moins, dans les feux de l'ardente jeuneffe comme dans les glaces de l'âge, & l'on a vu plus d'une fois les flambeaux de l'hymen changés tout-à-coup en des torches funebres.

Parce qu'un homme eft mort peu de tems après avoir contracté un mariage, dira-t-on pour cela que ce mariage a été fait *in extremis* ; & fur cette feule préfomption, ceux qui auroient intérêt de le détruire feront-ils en droit de l'attaquer ? Qui fçait fi les jours de Payelle n'ont pas été tranchés par un accident imprévu & poftérieur à la bénédiction nuptiale ? Mais allons plus loin, & fuppofons même, ce qui n'eft pas vraifemblable, que lorfque ce Sacrement lui a été conféré, il étoit déja attaqué de la maladie qui l'a conduit au tombeau : fon mariage ne feroit pas nul pour cela.

Avant l'Ordonnance de 1639, il n'y avoit point de difficulté fur cet objet ; on ne conteftoit pas la validité des mariages faits dans les derniers infttans de la vie.

Cette Ordonnance, il eft vrai, paroît avoir eu pou objet d'empêcher ces fortes d'unions ; mais quel a ét l'efprit du Légiflateur ? Il eft aifé de le pénétrer ; c'étoi d'empêcher les mefalliances & les troubles qu'elles cau feroient dans les familles ; un Citoyen prêt à quit ter la vie, dégagé de tout préjugé de diftinction & d'honneurs, fe détermineroit aifément dans ces der niers inftans, à époufer une femme que dans tout autre circonstance il auroit dédaignée. Mais dans notre espece, il n'y auroit pas eu ces inconvéniens à craindre. Payelle pouvoit en tout tems & sans en rougir, recevoir la main d'Isabelle Courtois. Ils étoient nés l'un & l'autre d'artisans très-pauvres, & ils n'avoient point à disputer entr'eux de fortune ni de rang.

D'ailleurs cette Ordonnance n'a point prononcé la nullité des mariages dans lesquels les formalités essentielles à l'obligation auroient été remplies. Les conditions que le droit civil met à l'union conjugale, sont d'un ordre bien différent que celles imposées par le droit ecclésiastique & par celui de la nature. Elles ne sont fondées que sur une Loi positive, & ne doivent être considérées que comme des formalités dont l'omission peut être aisément réparée.

Et dans l'espece, s'il se trouvoit quelques vices de forme, ne seroient-ils donc pas suffisamment réparés par la possession dans laquelle l'Appellant a vécu depuis près de 70 ans? Possession établie sur un acte de baptême, sur des reconnoissances multipliées de la part des parens, en un mot sur tous les titres qui peuvent servir à constater & à fixer l'état d'un citoyen.

Ce n'est pas dans les matieres de l'espece de celle que nous traitons, que l'on doit appliquer cette regle, *melius est non habere titulum quàm habere vitiosum.* Il faut bien se garder de juger des questions de possession d'état, par les regles dont on se sert pour juger de la prescription ordinaire, & l'on n'applique point au mariage cette autre regle qui n'a lieu que dans les testamens: *quod initio vitiosum est, tractu temporis non convalescit;* la possession couvre tout, elle supplée au titre,

& lorfqu'il s'agit de l'état d'un Citoyen, elle repare toutes les erreurs qui fe font gliffées dans les actes. *Imperator Antoninus refcripfit non ledi ftatum liberorum ob errorem inftrumenti malè concepti.* Nos Journaux font remplis d'Arrêts qui ont confacré ces principes. On en trouve deux des 12 Mai 1665, & 6 Juillet 1666, qui ont jugé que l'état des enfans ne pouvoit plus être contefté après avoir été approuvé par la famille, & avoir été en poffeffion pendant 30 années. Soëfve, tom. 2, cent. 3, chap. 69, en rapporte un autre qui a jugé qu'après un long efpace de tems, l'état d'un enfant reconnu pour légitime dans toute la famille, quoique bâtard & né d'une conjonction inceftueufe, ne pouvoit être valablement attaqué. Le Noble, en fes plaidoyers, cite un autre Arrêt du Parlement de Rouen, qui a décidé la queftion conformément à ces principes.

Allons plus loin encore, nos moyens croiffent à chaque inftant. Les Parties adverfes ne pourroient entreprendre de contefter l'état de Payelle, qu'en attaquant directement le mariage qui a été contracté entre fes parens. Or ce mariage étant revêtu de toutes les conditions effentielles à l'union & à l'engagement, ils n'ont point d'autre moyen de fe pourvoir aujourd'hui que celui de l'appel comme d'abus : c'eft la feule voie légale pour attaquer un mariage conftitutif de l'état d'un Citoyen ; mais foit qu'ils prennent cette route, foit qu'ils en choififfent une autre, ils feront dans tous les cas non-recevables en leurs demandes.

Nous n'entrerons pas ici dans l'examen des différens moyens d'abus qu'ils pourroient propofer ; nous nous bornerons feulement à faire voir quelle eft l'incapacité des collatéraux relativement à ces fortes d'actions; ils ne font écoutés maintenant que dans le cas des méfalliances, & où le mariage qu'ils attaqueroient les couvriroit de deshonneur & de honte. Rempli de ces maximes inviolables, M. d'Aguesseau s'exprimoit ainfi dans une affaire de cette efpece : « des collatéraux ne » peuvent attaquer la validité d'un mariage : fi quel- » que fois on le leur permet, c'eft lorfque leur parent » deshonore la famille par une alliance honteufe. Il » faut, difoit Monfieur l'Avocat Général Seguier en » 1760, dans l'affaire du fieur Tavant, que l'honneur » foit le principal motif de leur demande, autrement » on doit la rejetter comme tendante à troubler l'ordre » & la tranquillité publique ».

On ne dira pas fans doute que l'honneur eft le motif qui anime les Parties adverfes. Ils n'auront point à rougir d'avoir Maximilien Payelle pour frere. Egaux en état & en fortune, il l'emporte fur eux par les mœurs & par les fentimens : la foible portion qui doit lui revenir dans l'hérédité de fa mere eft bien moins l'objet des démarches qu'il fait aujourd'hui que le defir de venger la réputation de celle qui lui a donné le jour. La conduite qu'il tient à cet égard, ne peut que le rendre favorable aux yeux de la Juftice, tandis que celle de fes Adverfaires doit attirer fur eux toute fon indignation. Il eft inoui que des enfans violent à ce point les devoirs de la nature ; & l'honnêteté publique eft bleffée par ces réclamations odieufes.

En un mot, l'union contractée entre les pere & mere de Payelle eft un véritable mariage, revêtu de toutes les formalités essentielles ; si quelques-unes ont été omises, elles ne font que de l'espece de celles qui peuvent être réparées. Or, Payelle par une possession de 70 années, a couvert tous les vices qui pourroient se rencontrer dans le titre constitutif de son état : d'où il suit qu'il ne peut être troublé en sa possession, & que les Intimés sont, & par le droit & par le fait, non-recevables en leurs demandes.

Monsieur SEGUIER, Avocat Général.

Me PERIN, Avocat.

L'Ecuyer, Procureur.

De l'Imprimerie de Louis Cellot, rue Dauphine, 1765.